畫 兒 上 的 美 人

畫兒上的美人

THE LADY IN THE PAINTING

Fang-yu Wang

Drawings by
Luke Chen

FAR EASTERN PUBLICATIONS

YALE UNIVERSITY

NEW HAVEN, CONNECTICUT

F O R E W O R D

Mr. Wang has taken a well-known Chinese folktale and retold it within the rather tight limitations of 300 characters. His purpose is to provide a piece of supplementary reading to be used in conjunction with Read Chinese, Book I, either paralleling the last few lessons or after completion of the volume. His justification is the frequently felt need for that sort of extensive reading which provides frequent recurrence of familiar characters, thereby promoting complete assimilation. It may further be claimed that students enjoy the feeling of being able to read something through from beginning to end without referring to a glossary and that such experiences tend to develop assurance.

John Montanaro
Editor, Mirror Series
1983, New Haven

一	又	二	十	七	了	人	八	九	三
巳	己	下	工	子	才	大	小	上	也
山	千	女	火	六	文	方	心	王	天
犬	五	太	友	不	少	以	日	比	水
中	今	分	父	月	手	毛	半	必	平
打	可	正	去	本	左	右	北	叫	四
出	外	母	生	用	句	白	他	字	忙
次	衣	有	百	在	西	老	再	地	早
因	吃	回	名	多	年	先	自	件	好
行	沒	完	弟	快	忘	那	車	更	把
找	走	見	吧	別	男	坐	告	我	每
位	住	你	但	作	近	河	法	定	怪
怕	房	放	夜	底	刻	長	玩	表	事
東	兩	直	來	奇	到	呢	門	明	易
些	念	朋	知	兒	的	所	姓	往	洗

300 Characters Introduced in Read Chinese I

城 信 病 拿 許 第 畫 貴 給 當 說 賣 錯 離 邊

孩 看 高 笑 情 國 就 喝 短 想 慢 誰 館 識 覺

屋 拜 這 茶 着 唱 訴 開 然 塊 經 請 還 臉 鐘

為 怎 站 哭 紙 晚 道 最 等 遠 會 寫 頭 點 難

客 思 容 時 條 問 從 黑 筆 裏 愛 算 辦 幫 舊

穿 昨 家 校 候 常 得 掉 飯 話 歲 對 親 應 歡

前 是 酒 真 個 帶 船 極 買 意 萬 緊 懂 禮 關

美 甚 後 起 們 教 進 都 菜 新 路 歌 鋪 謝 願

差 南 很 哥 氣 現 魚 喜 過 街 跟 麼 數 學 聽

送 要 便 書 能 張 夠 報 跑 幾 睡 認 樣 錢 壞

寫在前頭

中國字又難學，又容易忘。學過的字，幾天沒看見，就忘了。有時候，你看見一個字，跟看見一位朋友一樣。有的，是老朋友，認識很多年了。一看見，就知道：他是誰，他在甚麼地方住，他的父親母親是誰，父母多大歲數，有孩子沒有，孩子是男的是女的；不但知道這些，還知道他心裏想甚麼，他是甚麼意思。也有的，你就認識他的臉，你知道你見過他，可是他姓甚麼，叫甚麼名子，是在甚麼地方見過的，

怎麼想，也想不起來。還有的字平
常是一個樣子，有一天，他穿了一
件大衣[1]，你就不認識他了。也有的
字，看着跟老朋友差不多，可是有
一點兒不對，也說不出來甚麼地方
不對。就知道昨天看見他的時候，
不是這個樣子。你也許想，這位朋
友今天有一點兒病，穿了大衣了，
你就過去叫他，可是一叫他，你才
知道他不是你的朋友，你又錯了。

　你看見朋友，想不起來他是誰，
看見一個人，你不一定知道他是不
是你的朋友，這是為甚麼呢？是因
為不常見。跟這些朋友不常見，就
容易忘。那麼怎麼辦呢？當然你可
以用「方字」[2]，也叫「字塊兒」[3]。每天把那
些字一張一張的看一次。把認識的
放在左邊，不認識的放在右邊。把

---

1. dàyī N: overcoat 2. fāngdz̀/fāngzì N: character
cards
3. dz̀kwàr/zìkùar N: character cards

不認識的再多看幾回。 中國舊書上
有幾句話, 意思是:「別人看一次就
會, 我看一百次; 別人看十次才會,
我看一千次。」這樣辦, 我想一定有
用。 你也許說你沒有那麼多的工夫。
我告訴你, 這些「字塊兒」很容易帶。
在手裏拿着也很方便。 在車站等車
的時候, 可以看。 坐船, 坐火車的
時候, 也可以看。 甚麼時候都可以
看。 學得慢一點兒, 不要緊。 中國
人說:「不怕慢, 就怕站。」這個意思,
一點兒也不錯。 你也許說, 用「字塊
兒」學, 很沒意思, 那麼最好你就是
看書。

　　看甚麼書呢? 平常書裏的生字[1]太
多。 一看, 第一個字, 不認識, 再
看, 第二個字, 我也不認識他, 第
三個字呢, 也許他認識我。 他姓甚

1. shēngdz̀/shēngzì N: new characters (not previously
learned)

麼，還是得問。一直看到第八個字，看見一個「人」字，真好，老朋友來了。再往下看，又都不認識了。看了十個字，有九個半不認識，當然沒法子看得懂，也就沒法子再往下看了。

　　可是這本書不是這樣。

　　現在你己經把華文讀本[1]念完了。己經學了三百字了。你看這本書應當覺得一點兒都不難。因為這本書，是用華文讀本[1]裏三百字寫的。

　　這本小書，就是要叫你跟你認識的這三百朋友多見幾次。你看完這本書以後，這三百個字就都是你的老朋友了。你把這書放下，過幾天，你也許就把他們又忘了。那就不是我的事情了。

　　可是用三百字能寫甚麼呢？當然

1. Hwáwén Dúběn/Huáwén Dúběn N: READ CHINESE

有很多的事情沒法子用這三百字寫出來。可是能寫的，也不少。

有人想，一本書，就用三百字寫，寫來寫去，一定寫不出甚麼新東西來。寫出來的東西，一定沒意思，所以一定不行。

這幾句話，對不對，我不知道。我也不問對不對。可是我可以找有意思的寫。寫出來的事情，也許你覺得沒意思，可是你能把學過的三百字，在看這本書的時候，多看幾回，能看懂，那就有意思。

當然要是你覺得太沒意思，看了一點兒，不喜歡，不愛看，你可以把書放下，不必再看了。

一本書，有意思，沒意思，我想這是看書人的事情。好書也有人覺得沒意思。你覺得好的，我不一定

也覺得好．你覺得有意思的，也許我一拿起來就想睡覺．有時候壞書，賣的很貴；好書，一毛錢都沒人買．所以這本書是不是有一點兒意思，我願意請看這本書的人自己說．要是你看到這個地方，已經覺得沒意思了，那麼你最好現在就放下，別再往下看了．

你為甚麼還看呢？別看了．

說真的，下邊兒沒有甚麼新東西．也沒有甚麼有意思的事情．要是你現在把書放下，在河邊兒的小路上走走，到山上去看看，一定比在屋子裏看這本書有意思得多．你快把書放在桌子上吧．再不放下，就太晚了．你看，現在天很短，天一會兒就黑．今天天氣這麼好，你應當到外頭去玩兒去．你的朋友不是正

在外頭等着你呢嗎？你為甚麼不早
一點兒出去找他去呢？你看這本書，
有甚麼用？快別看了。你看這本書，
沒人給你錢，沒人給你東西吃，也
沒人給你酒喝。你的工夫不要緊嗎？
你一個鐘頭能作很多事。不用說一
個鐘頭，一刻鐘，一分鐘，都很要
緊，是不是？

　　你現在還看呢嗎？好極了。你真
是這三百字的朋友。你要是不忙，
沒有別的事，你可以看下邊兒的笑
話。我本來打算給你唱一個歌兒，
可是我怕你聽不見，所以我還是寫
一個笑話吧。

　　從前有一個人，姓高，名子叫大
長。這個名子很奇怪。更奇怪的是，
他不但不高，不大，不長，他比誰
都小。他有兩個弟弟，他是大哥，

一個弟弟叫高不長，一個叫高太短。他的太太姓王，人都叫他魚美人。「魚美人」三個字是甚麼意思呢？你聽說過「美人魚¹」麼？「魚美人」跟「美人魚」不一樣。「美人魚」是：他的頭是美人²的頭。可是「魚美人」呢，是：他的頭跟魚頭一樣。

　　高大長跟他太太有一個鋪子。他們的鋪子，每個禮拜開七天，每天開二十四個鐘頭，老不關門。白天高大長睡覺，高太太在鋪子裏賣東西；夜裏，高太太在鋪子裏作買賣，高大長還是睡覺。他們都很忙，

　　他們的鋪子賣甚麼？賣報，賣紙也賣表。因為他的東西都是從日本來的，所以都不太貴。他們每個月能賣一萬八千五六百塊錢。

　　他們的鋪子在城裏頭的街上，那

1. měirényú N: mermaid 2. měirén N: beautiful girl

條街，是一條從南到北的大街。他
們兩個人就住在鋪子裏頭。他們家
常有客人來，客人來的時候，高太
太就給他們一點兒水喝。因為他們
家裏沒有酒，也沒有茶。

　他們房子後頭，有一個飯館兒。
離他們的鋪子不遠，很近。那個飯
館兒的菜不錯。高太太常到那個飯
館兒去吃飯。高大長得睡覺，沒有
工夫吃飯。

　有一天，有一位客人，從街上跑
進來，手裏拿着一條魚，跟高太太
說，「這是我送給你的。」高太太的「謝
謝」兩個字還沒說完呢，那位客人
就跑出去了。

　高太太要把那條魚洗洗，自己作
了，跟高大長一塊兒吃。他正洗魚
的時候，高大長起來了。他一看，

覺得奇怪極了． 因為他不知道是他
太太洗魚呢，還是魚洗他太太呢。

　　我想够了． 底下不必再寫了． 要
是你說這不是笑話，因為你没笑。
那不要緊，你看了以後没哭，那已
經很好了。

　　這本小書，是給念過華文讀本的
人寫的。看這本書的人， 得先學會
華文讀本裏三百字． 因為這本書，
是用華文讀本裏的三百字寫的． 可
是有時候没法子不用些個生字，有
生字的時候，我就在下邊用英文[1]把
生字的意思寫下來． 可以幫一點兒
忙， 方便一點兒。

　　這本書裏的故事[2]是一個中國的老
故事． 不知道是甚麽時候作的，也
不知道是誰作的． 大人給小孩子說，
小孩子大了， 再給他們的小孩子說，

Yingwén N: English   2. gùshr/gùshi N: story

一直說到現在。

　這本書裏的畫兒，是<u>陳緣督</u>[1]先生畫的。從前他在北京一個學校裏教畫中國畫兒。他的畫兒我很喜歡。我在這本書裏用他畫的畫兒，我得謝謝他。

　你真是一直的看到這個地方了嗎？你知道嗎？你的三百個朋友，都看見你了。你看見他們了嗎？

1. Chén Ywándū/Chén Yúandū　N: Luke Ch'en, a famous
　　　　　　　　　　　　　　　　contemporary Chinese
　　　　　　　　　　　　　　　　artist.

畫兒上的美人[1]

從前有一個人，姓張，叫大明。
他沒有哥哥，沒有弟弟。父親母親
也都過去了。家裏就是他一個人。
也沒有錢。他已經三十多歲了，還
沒有太太，當然也沒有孩子。他每
天早上出去作工[2]，晚上回家。

1. měirén N: beautiful girl 2. dzwògūng/zuògōng VO:
                               to work

他的家在城外頭。離作工的地方
不遠，他每天早上，在路上看看山，
看看水，也有時候唱唱歌兒。

他有不少朋友，朋友們都很喜歡
他。他們天天在一塊兒作工，也在
一塊兒玩兒。他們真是「作工的時候
作工，玩兒的時候玩兒」。所以他們
都很高興[1]。可是到了晚上，別人都
回家了，張大明也回家了。別人家
裏有太太，有孩子。太太作飯的時

1. gāusyìng/gāoxìng   SV: be happy

候，他們可以跟孩子玩兒。可是張
大明回到家裏，甚麼人都沒有，飯
得自己作，家裏的事情也得自己作。
想跟人說話，可是沒有人聽。所以
有時候他自己跟自己說話。

　他有一個朋友，是一位老先生。
這位老先生姓高，人都叫他高老先
生。這位老先生會畫畫兒，畫得好
極了。很有名。他常畫山水¹；也會
畫人，可是不常畫。

1. shānshwěi/shānshǔi N: scenery, landscape

　高老先生看張大明家裏没有太太，
没有孩子。一個人在家裏一定很没
意思。所以就想畫一張畫兒，送給
他。他給張大明畫了一張很好看的
美人。他畫那張畫兒的時候常想，
張大明的屋子裏有這樣一張畫兒，
也許他晚上回家以後，可以覺得家
裏有一個人。他把畫兒畫完了，就
叫張大明到他家來拿。有幾個人跟
張大明一塊兒來看那張畫兒。

　他們都是張大明的朋友，有一個
認識高老先生的，就跟張大明一塊
兒進去了。還有幾個人，不認識高
老先生，就站在門外頭看。他們都
說畫得真好。高老先生看見他們都
喜歡他畫的畫兒，他也很高興。

　張大明謝了謝高老先生，拿着畫
兒就回家了。

　　張大明有了這張畫兒以後，他早
上起來就跟畫上的人說，「早。」出去
作工的時候，就跟他說，「再見。」他
作完了工，晚上回來，就坐下看那
張畫兒。家裏的事情都不願意作了。
不但有時候忘了作飯，也有時候把
吃飯都忘了。

　　有一天，他又忘了作飯了。没吃
飯就去睡覺去了。可是怎麼睡也睡
不着，他没法子，就起來作一點兒

點心吃。吃着東西，也看那張畫兒。
還跟那個畫兒上的人說，「明天你給
我作飯，好不好？」

　　第二天早上，他出去作工以前，
拿了一塊昨天夜裏作的點心，笑着
跟畫兒上的人說，別忘了給我作飯。
我五點多鐘回來。再見。

　　那個時候，正是七八月，是最忙
的時候。所以那天他在外頭應當作
的事情很多。

到了五點多鐘，他正要回家的時候，有一個朋友跑來說，「老張，你能不能幫我一點兒忙?」老張說，「甚麼事?」

那個人的太太病了。得到城裏頭去請大夫[1]。可是家裏沒人能去，所以要請張大明幫忙，問張大明能去不能。張大明最願意幫朋友忙，所以他聽見這個話就立刻到城裏頭去了。

他把大夫請來，回家的時候，在路上看見家裏房子上頭有很多烟[2]。他心裏覺得奇怪極了。他怕是昨天晚上作點心的時候，火還着着[3]，也許房子裏着火[4]了。所以他立刻就往家跑，想去看看怎麼回事。

他跑到家，開開門，往屋子裏一看，你想屋子裏着了火沒有?

1. dàifu N: medical doctor
2. yān N: smoke
3. jáuje/zháozhe V: burning
4. jáuhwǒ/zháohuǒ VO: to catch fire

　　他跑到屋子裏一看，屋子裏没着
火，他就放心了。再一看火¹上有作
好了的吃的東西。他覺得奇怪極了。
他想，這是誰作的呢？他看了看那
張畫兒。他又想，真是畫兒上的那
個人給我作的嗎？可是畫兒上的人，
怎麼能下來呢？他想來想去，想不
出來是怎麼回事。

　　後來他把吃的拿出來放在桌子上，
坐下就吃。真好吃。一吃東西，甚

1. hwǒ/huǒ N: stove

麼都忘了。甚麼都不想了。不大的
工夫，把所有的東西都吃完了。吃
完了，他就坐在那兒看着畫兒上的
人，笑着跟他説，「飯真是你作的嗎?
作得真好。謝謝，謝謝。」畫兒上的
人沒説甚麼。

張大明睡了一夜覺。第二天早上
還是想昨天那件奇怪的事。他想也
許是朋友們跟他開玩笑[1]。他們來給
他作了飯就走了。叫他覺得奇怪。

1. kāi wánsyàu/kāi wánxiao VO: to joke with, play on
   joke on, poke fun at

可是是誰呢？對了，老王愛開玩笑，可是他不會作飯。也許他跟他太太一塊兒來的，是他太太作的飯。作好了飯，放在那兒，就走了。他又想，不對，不對。王太太是會作飯，可是他平常作的飯，我吃過，沒有這麼好吃。這是誰呢？

他想來想去，還是不知道是怎麼回事。最後，他想他得去作工去了，他又看了看那張畫兒，笑着跟畫兒上的人說，要是你能下來作飯，今天還請你給我作。不但請你作飯，你看，我的衣裳[1]壞了，我還要請你給我縫[2]一縫衣裳。你看着，我放在這兒了。謝謝你，別忘了。他說完了，就走了。

1. yīshang N: clothes 2. féng V: to sew

張大明那天作工的時候，也忘不了昨天那件奇怪的事。老是想那個飯是誰作的。當然要是真是畫兒上的人下來了，那是太好了。可是怎麼能有那樣兒的事呢？

他的朋友們看他作工的時候老想事情，就有人問他說，「你想甚麽呢？是不是有女朋友了？」

他因為那件事情太奇怪。不願意告訴人。所以他跟他朋友說，「別開

玩笑了，我怎麼能有女朋友？我昨
天夜裏睡覺沒睡好。」

　他朋友說，「那麼你早一點兒回去
吧。」他正想早一點兒回去看看，所
以他說，也好。

　那天他比平常早回去兩個多鐘頭。
他到了家，沒進去。慢慢兒的走到
窗户[1]那兒，往裏看。你知道他看見
甚麼了嗎？

張大明從窗户往屋子裏一看，真

1. chwānghu/chūanghu　N: window

有一個女的坐在那兒縫衣裳呢。他
看不見那個女人的臉[1]可是衣裳是
畫兒上的那個人的衣裳，頭髮是畫
兒上那個人的頭髮。再看看那張畫
兒，畫兒上沒有人了。就有一張白
紙。

　　張大明看了以後，站在窗戶外頭，
不知道怎麼辦好。

　　差不多有一兩分鐘的工夫，他甚
麼都不能想。他不信[2]能真有這樣兒
的事。所以他看了又看，想了又想，
最後他得想現在應當怎麼辦。

　　他想跑進去，跟他說話，可是說
甚麼呢？又怕那個女人一聽見他進
去，就立刻回到畫兒上去，不下來
了。怎麼辦好呢？

　　他想來想去，怎麼想也想不出好
法子來。你說他應當怎麼辦呢？

1. tóufa N: (human) hair 2. syìn/xìn V: to believe

　張大明在窗戶外頭想了半天，一
點兒法子都沒有。最後他慢慢兒的
把門開開，進去以後先走到那張畫
兒那兒去。──那個時候已經是一
張白紙了。不是畫兒了。

　他為甚麼要先到畫兒那兒去呢？
因為他怕那個女人看見他，又跑到
畫上去。

　他站在畫兒底下，心裏有一點兒
着急[1]。又有一點兒不好意思[2]。那個

1. jāují/zhāojí SV: be excited, nervous, worried
2. buhǎuyìsz/buhǎoyìsi SV: be embarrassed

女的還是縫衣裳。他不知道那個女
的聽見沒聽見他進來了。所以他在
那兒站了有半分鐘，甚麼也沒說，
甚麼也沒想。心裏跟一張白紙一樣。

　後來他往前走了一點兒。那個女
的還是縫衣裳，沒看他。他慢慢兒
的走過去，用手一拿那件衣裳，那
個女的就站起來了。他不知不覺的
說，「謝謝你，我真得謝謝你。」

張大明跟那個女的說，「我真得謝

1. bujr̄bujywéde/buzhībujúede A: unknowingly, uncon-
   sciously

謝你。」說着臉就紅[1]了。 很不好意思.
那個女的沒覺得不好意思。 看着張
大明笑了笑說,「不謝, 不謝。」張大
明還是不知道說甚麼好。想了半天,
才說,「你甚麼時候下來的。」那個女
的說,「我早上就下來了。 下來以後
先睡了一會兒覺。因為在畫兒上的
時候不能睡覺。起來以後就作飯,
把飯作好了, 就縫衣裳。還沒縫完
呢, 你就回來了。 你今天為甚麼這
麼早就回來了?」張大明說,「因為我
想知道是不是真是你下來給我作飯,
給我縫衣裳。我真不知道怎麼謝謝
你才好。」那個女的說,「這沒甚麼,
我也很願意幫你的忙。」張大明說,
「你不要回到畫兒上去了, 就在這兒
吧。」他說着就把那張白紙拿下來,
放在箱子[2]裏了。

1. húng/hóng SV: be red 2. syāngdz/xiāngzi N:trunk

　張大明問那個女的說，「你姓甚麼，名字叫甚麼?」他說，「我沒有姓，也沒有名子。」張大明說，「一個人怎麼能沒有姓沒有名子呢?」他說:「因為那張畫兒上沒寫着我的姓跟名子，也沒有人叫過我，我怎麼知道我叫甚麼呢?」張大明說:「你看，我姓張，你也姓張好不好? 你又會作飯，又能作衣裳，還對我這麼好。你不要走了。就在這兒跟我一塊兒住吧。

我家裏也沒有別人，我想你也沒有
家。以後這兒就是你的家。這個家
就是我們的，你願意嗎？」那個女的
心裏很願意，可是沒說甚麼。就看
着張大明笑了笑。他們兩個人跪[1]在
地下，拜[2]天拜地，就結婚[3]了。

　結婚以後，第二天，他們請了好
些朋友到他們家裏來看看。
　那位高老先生也來了。因為那張
畫兒，是高老先生畫的，所以人人

1. gwèi/gùi V: to kneel 2. bài V: to worship
3. jyéhwūn/jiéhūn VO: to get married

都想請他畫一張美人。可是高老先生說:「我告訴你們吧。我給我自己畫了很多張美人,到現在還一個都沒下來呢。」

張大明問高老先生說:「我的太太當然應當姓張,可是他叫甚麽名子呢?」

高老先生想了想,說:「這個畫的美人,現在已經是一個真的美人了。我們就叫他美真,好不好?」他們都說,很好。

張大明還是每天早上出去作工。美真在家裏作飯,作衣裳。過了些日子以後,他們吃的穿的都比以前好一點兒了。

美真很有本事[1]。不但會作衣裳會作飯，差不多甚麼都會作。也很願意幫別人的忙。誰有甚麼難辦的事情都來找他。他老是高高興興的給人作好了。所以人都很喜歡他。

他作事作得很快，別人一天才能作完的事，他一兩個鐘頭就作好了。別人作不了的事，不知道為甚麼，他一作，不大的工夫就都作完了。

有一天美真正在家裏作衣裳，他

1. yǒu běnshr/yǒu běnshi   SV: to be capable

聽見外頭有人哭。他開開門看看，
問他們怎麼了。外頭那兩個人説，
「因為國王[1]每天要吃兩個鴿子[2]，所以
叫我們兩個人一天逮[3]兩個鴿子給國
王送去。可是今天我們用了一天的
工夫，一個鴿子都沒逮着。我們怕
國王生氣，不知道怎麼辦好。所以
就哭了。」

那兩個人還説，給那國王作事很
不容易。國王很愛生氣，一生氣就

1. *gwówǎng/gúowǎng* N: king   2. *gēdz/gēzi* N: pigeon
3. *dǎi* V: to catch

打人。還有時候一生氣就把人殺[1]了。
誰也没有法子。

　美真没聽說過國王的事情，他很
想多知道一點兒。所以他問，「給國
王作事這麽難，那麽為甚麽你們還
給他作事呢?」

　一個人說，「不給他逮鴿子，我們
吃甚麽呢? 要是不給國王作事，得
上稅[2]。上稅的錢比買兩個鴿子的錢
多得多。要是不給他作事，我們一
天逮十個鴿子，也不夠吃的。」

　美真一想，他說的很對。他跟大
明兩個人不是也得上很多錢的稅嗎?
要是不是他們作事作得快，也許每
天都不夠吃的。

1. shā V: to kill   2. shàngshwèi/shàngshùi VO: to
                              pay taxes

　　美真跟那兩個人說了一會兒話。
那兩個人說,「不早了, 我們去逮鴿
子去吧。老在這兒說話辦不了事。
再見吧。」
　　美真說,「別走, 請進來喝點兒茶。
我還想再聽聽這個國王的事情。」
　　一個人說,「謝謝你, 今天我們不
進去了。我們還有事呢, 等以後有
工夫的時候再說吧。」美真說,「忙甚
麼? 坐坐再走。」那兩個人, 有一個

人有一點兒著急，他說，「你沒事，
當然不用忙，天快黑了，要是今天
我們沒有鴿子，怎麽回去見國王？
別說了，快走吧。」

　美真看他一定要走，就笑着說，
「別着急，別着急。不是就是兩個鴿
子的事情麽？等一會兒，我給你們
兩個。」那兩個人一聽都高興了。美
真就問這個問那個。問了很多話。
那兩個人想美真一會兒就給他們兩
個鴿子，他們不必去逮了，也就不
必忙了，所以也就不着急了。後來
天已經很晚了，他們要走了，有一
個人說，「請你給我們鴿子吧。」美真
說，你們等一會兒。他說着就進去
拿了一張白紙，用紙作了兩個紙鴿
子。那兩個人在外頭看着不懂是怎
麽回事。

　那兩個人在門外頭看見美真用紙
作了兩個紙鴿子，先不明白美真是
甚麼意思，後來一想也許是跟他們
開玩笑。有一個人就真生氣了。在
門外頭說，「再見吧。我們走了。我
們沒有工夫跟你開玩笑。」

　美真說，「別走，別走。等一等，
給你們這兩個鴿子。」

　有一個人說，「要不然我們就等一
等看看是怎麼回事。」他們兩個人就

站在門外頭看着，看<u>美真</u>作甚麼。

　　<u>美真</u>走到門那兒，對着兩個紙鴿子吹了一口氣[1]，兩個鴿子就飛[2]起來了。

　　那兩個人看見紙鴿子飛起來了，覺得奇怪極了。立刻就把兩個鴿子都逮着了。他們不懂是怎麼回事。他們有了鴿子，也就甚麼都不問了。

　　那兩個人有了鴿子了，就不着急了。又跟<u>美真</u>說了半天話，才拿着

1. chwēile yikǒu chì/chūile yikǒu qì PH: blew a puff of air (on them)
2　fēi V: fly

鴿子高高興興的走了。

　那兩個人在路上走着的時候，有一個人說，要是這兩個鴿子在國王吃的時候，又變成[1]紙的，那怎麼辦呢？

　那個人一想也對。可是有甚麼法子呢？他說，要是我們送到了的時候是真鴿子，那就行了。他吃的時候，是不是紙的，那就不是我們的事了。

　他們兩個人把鴿子送到了，就回家吃飯去了。他們吃完飯，過了一會兒，忽然[2]外頭有人叫門，說國王叫他們要問他們的話。這兩個人一聽，說，壞了。一定是鴿子變成紙的了。可是沒法子，不願意去，也不能不去。

　他們見着國王，國王說今天的鴿

1. byànchéng/biànchéng RV: change into
2. hūrán A: suddenly

子特別好吃，問他們是在甚麼地方
逮的。

　　那兩個人聽說那兩個鴿子特別好
吃，他們就放了心了。他們知道不
是那兩個鴿子又變成紙的了。可是
他們也不願意說那兩個鴿子是紙作
的。他們聽見國王問，他們就說那
天一直到很晚他們還沒逮着鴿子，
所以就去買了兩個鴿子送來了。國
王問他們是在甚麼地方買的，他們

1. tèbyé/tèbié A: especially

就說是一個很好看的太太賣給他們的。他們就把美真住的地方告訴國王了。

他們兩個人走了以後，國王把他手下[1]的一個大官[2]叫來，告訴他張大明住的地方，叫他第二天到張大明家去，叫他們一天送兩個鴿子來。

第二天那個大官帶着兩個人到張大明家去了。見着張大明，跟張大明說國王叫他每天送兩個鴿子去。一定要在吃晚飯以前送到。

張大明聽了，不懂是怎麼回事。因為昨天美真作的事，他一點都不知道。他正要問是怎麼回事，那個大官已經走了。

---

1. shǒusyà/shǒuxìa (de) N: under (the control of)
2. gwān/gūan N: (government) official

　　美真告訴大明說，「你知道我們現在上稅上得很多。我的意思是想法子少上一點兒稅。」

　　他的話當然大明不懂。因為美真昨天作的事他一點兒都不知道。

　　大明問，「這是怎麼回事？為甚麼國王叫人到我們這兒來要鴿子？我們怎麼能有鴿子？一天給他送兩個鴿子去，誰送去？」

　　美真說，「你別著急，聽我慢慢兒

告訴你。」美真這才把昨天逮鴿子人哭，他給他們作了兩個紙鴿子的事情跟大明說了。美真還說，「聽那兩個人說，他們給國王作事，可以不上稅。我們現在每天給國王兩個鴿子，不是也可以不上稅嗎？」

　　第二天早上，美真又用紙作了兩個紙鴿子，叫大明送去。大明說，「這紙鴿子怎麼能變成真鴿子呢？」美真說，「你聽我的話，一定錯不了。我叫你作甚麼，你就作甚麼好了。」大明還是不太信，可是他沒說甚麼。把兩個紙鴿子放在口袋兒[1]裏，看了看美真，想了想，就要走。美真把他叫回來，跟他說，「你放心吧，你不用怕。所有的事情，我都想好了，你快去快回來吧。」張大明聽了這幾句話，就走了。

1. kǒudàr N: pocket

　　張大明在路上想，他想紙鴿子怎
麼能吃呢？他又想要是他把紙鴿子
給國王，國王一生氣，他怎麼辦呢？
他想到這兒，心裏有一點兒怕。又
一想他太太說的，「你聽我的話，一
定錯不了。」他也覺得他太太的話錯
不了。他就又不怕了。

　　張大明見着國王，他說他是來送
鴿子的。國王問他鴿子在甚麼地方
呢？因為他看張大明手裏沒拿着甚

麼，他想也許張大明把鴿子放在外
頭了。沒想到，張大明把手放在口
袋兒裏，從口袋兒裏把兩個紙鴿子
拿出來給國王看。在那兒看的人都
覺得很奇怪。國王一看鴿子是紙的，
正要說話還沒說呢，兩個鴿子就都
飛起來了。國王那兒的人看見鴿子
飛了，都不知道怎麼辦好。他們就
來回跑，要逮那兩個鴿子。

國王看見那些人來回的跑，兩個

鴿子上下的飛。那些人逮了半天也沒逮着，後來鴿子飛出去了。

國王看着鴿子飛出去了，誰也沒逮着，立刻就很生氣。跟他們說，「誰叫這個人到這兒來的？你們看看，這麼多人在我前頭來回跑，這是怎麼回事？告訴他，明天送鴿子的時候，不要他來，叫他太太自己來，我要看看這個女人是一個甚麼樣兒的人。叫他快一點兒出去。」

那些人看見國王生氣了，都有一點兒怕，就很快的叫<u>張大明</u>出去了。

<u>張大明</u>到了家，把鴿子飛了，國王生氣了的事情跟<u>美真</u>說了，也告訴<u>美真</u>說，國王叫他自己去送鴿子去，要見見他。<u>美真</u>聽了說，「別着急，我明天去。我有法子。」

第二天美真自己去了。

國王看見美真這麼好看，甚麼都忘了。他笑了一笑，也不知道說甚麼好。

他第一句話就說，「你怎麼這麼好看呢!」他也忘了問他鴿子的事情。

美真站在那兒沒說甚麼，他想聽聽那個國王還說甚麼。

國王說，「你是張大明的太太嗎?」

美真說，「對了。」

國王又說,「這麼好看的一個人,怎麼跟一個鄉下人結婚呢?我看你不要回去了。就作我的妃子[1]吧。你在我這兒,想吃甚麼有甚麼,想穿甚麼有甚麼。你想要甚麼我給你甚麼。我甚麼都有,甚麼都比你們家好。你不要回去了。」

美真一聽,很生氣。他一點兒也不怕。走到國王的前頭,站在那個地方沒說話。國王也不知道他要作甚麼。那些大官看見美真生氣了,也看見他走到國王的前頭去了。可是沒人知道應當怎麼辦,有的想過去拉住他[2],又怕國王生氣。所以他們就都站在那兒看着。

1. fēidz̆ N: (imperial) concubine
2. lāju/lāzhu RV: pull, drag

　　美真站在那兒，很不客氣的說，
「你別胡說[1]。」

　　國王一聽，覺得真奇怪。沒有人
跟他說話說得這樣不客氣。他不知
道應當怎麼辦。生氣也不好，笑也
不好。想說話也不知道說甚麼好。

　　那個時候，美真又往前走了一點
兒，對國王說，「你這個國王，真不
是東西[2]。一個國王，應當好好的辦
國裏的事情。應當替[3]平常人想想。

1. húshwō/húshuō V: to talk nonsense
2. búshr dūngsyi/búshi dōngxi IE: you despicable creature!
3. tì CV: for, in place of

可是你這個人，不想辦事；不是想吃鴿子，就是要女人。我跟你說，你這樣兒的國王，一定作不長。我跟我先生張大明結婚，是我們自己的事情。我們結婚，是因為他愛我，我也喜歡他。有沒有東西吃，有沒有衣裳穿，那都不要緊。你知道甚麼？你懂甚麼？你怎能跟張大明比？張大明甚麼不比你好？你說話也不想想？真是胡說。」他說着就走出去了。

國王一句話也沒有，那些大官也是一句話也沒有。他們真是哭也不好，笑也不好，生氣也不好。有一個想過去跟美真說話，要請他回來，可是看美真生氣的樣子，他知道，說也是沒用。所以就叫他走了。

　第二天早上，張大明還沒出去呢，
就聽見門外頭有人叫門。張大明想
誰這麼早來呢？他想也許是國王叫
人來找他，可是他不知道是甚麼事。
他也想昨天美真跟國王說那樣兒不
客氣的話，國王一定生氣了。那麼
今天來找他一定沒甚麼好事。想到
這個地方，心裏有點兒怕。可是門
外頭的人說，「快開門來。」

　美真知道張大明有一點兒怕，就

說，「不用怕，我跟你一塊兒去開門
去。」他們兩個人就一塊兒出去了。

他們把門開開一看，那個人就說，
「我是國王叫我來的。昨天張太太說
張大明甚麼都比國王好，國王很生
氣。所以國王明天要跟張大明賽馬,
跟他比一比，看看誰的馬跑得快。
要是張大明的馬不能跑到國王的前
頭，張太太就得去作國王的妃子。
明天早上騎着你的馬，到東門外頭
去等國王，別晚了。」他說完了就走
了。

張大明站在那兒，站了半天，甚
麼都不知道了。自己也不知道想甚
麼，也許甚麼都沒想。過了一會兒，
美真叫他進去，他才明白過來。就
跟着美真進去了。

1. sài mǎ VO: to race horses
2. chí V: ride (an animal or bicycle)

　張大明聽見美真的話就進去了。
心裏很着急。因為：第一，他不會
騎馬。第二，他也沒有馬。他看着
他太太說，「這怎麼辦呢?」

　美真說，「不要緊，我有法子。你
到鋪子去買些白紙來。我可以給你
作一個馬，我作的馬，比甚麼馬跑
得都快。」

　張大明想他用紙作的鴿子，可以
飛，那麼用紙作的馬也一定可以跑。

可是，有了馬以後，還是得用人騎，
騎馬也不是一件容易的事。騎着馬，
也許那個馬可以跑，可是人騎在馬
上，騎得住騎不住呢？所以他跟美
真說，「你作的馬也許能跑，也許比
甚麼馬跑得都快。可是我不會騎，
也是沒用。」

美真說，「我作的馬不會騎的人也
能騎。騎在我的馬上，就跟坐在地
下一樣。你不用怕，快去買紙去吧。」

張大明把紙買來以後，他們用了
一夜的工夫，把馬作好了。那個馬
跟真的差不多，可是還是紙馬。美
真對着馬吹了一口氣，那個馬就活
了。美真說，「你騎上。」大明騎上馬，
馬立刻就跑了。

美真知道張大明一定跑在國王的
前頭，所以他也沒去看。

1. chídejù/qídezhù RV: can ride a horse securely
2. hwóle/húole SV: become alive

　張大明騎在馬上，心裏有一點兒怕，可是跑了一會兒，他覺得騎在馬上跟坐在地上一樣，所以他就不怕了。

　他到了東門外頭，國王也來了。國王騎着一個黑馬。當然那是最好最快的馬。

　國王看見張大明，就跟他說，「昨天我叫人到你家去，我想他把話已經跟你說明白了。」

張大明没說甚麼。

國王又說,「好了,没甚麼說的,你跟我從這兒跑到前頭那條河邊兒上,再回來。看看你的馬快,還是我的馬快。我說一,二,三,我們就跑。」他說完了,就說,「一,二,三。」他把「一」字說得又長又慢,可是「二」跟「三」兩個字說得很快。張大明没想到。所以國王的馬已經跑出去了,張大明才知道他應當跑了。所以他們剛一[1]跑的時候,國王的黑馬,是在前頭。

國王在前頭往後看了看張大明離他有多麼遠。還對着張大明笑了笑。

當然這是國王不對。可是那個時候張大明没有工夫想誰對誰不對。他就想叫他的馬快快的跑。別的事情就都忘了。

1. gāngyi   A: just as (he) started to ...

　他們剛一跑的時候，張大明的白
馬在後頭，可是離國王的黑馬不遠。
張大明心裏很着急，後來他想，美
真說他作的馬比甚麼馬跑得都快。
所以他不着急了。因為他想一會兒
他的馬一定可以跑到國王的前頭去。

　在路邊兒上，有很多人看。他們
都是張大明的朋友。他們看見張大
明的白馬在後頭都很着急。有的人
大聲的跟張大明說，「快跑！快跑！」

1. dàshēngde A: loudly

也有的人替張大明用力[1]。還有的人
大聲的叫，誰都不知道他們叫的是
甚麼。

張大明跟國王跑到河邊兒上，又
跑回來，跑回來的時候，國王的黑
馬還是在前頭。這個時候國王很高
興。可是看的人，都更着急了。這
個時候，不但張大明的朋友都很着
急，張大明自己也覺得很奇怪。他
想美真說的話，一定錯不了，可是
已經快跑完了，為甚麼這個馬還不
跑到前頭去呢？他心裏跟那個馬說，
「馬先生，馬大哥，快跑吧，快跑到
前頭去吧。再不跑到前頭去，就壞
了。」那個馬真懂他的意思，立刻就
跑得快極了。很快的就跑到前頭去
了。這個時候，看的人都高興了。

1. tì...yùnglì/tì...yonglì PH: use one's strength on
   behalf of (someone)

　　張大明跟國王賽馬，最後是張大
明先到的。

　　張大明到了以後，他就放心了，
他的朋友也都過來要跟他說話。

　　他們還沒說話呢，這個時候，國
王也到了。當然他很生氣。下了馬
就跟張大明說，「今天我的馬有病，
跑不快，所以你先到了。」

　　張大明沒說甚麼，可是心裏想，
「跑馬我先到了。那麼現在應當沒事

了吧。」

可是没想到，國王又説，「今天我的馬有病，當然不算[1]。」張大明一聽，心裏説，「壞了。事情還没完。」國王又説，「明天我要跟你賽船[2]。你用你的船，我用我的船。明天早上我跟你在前頭那條河裏賽。看看誰的船快。要是你没有我快，還是不行，你的太太，美真還是得到我這兒來。」他説完了，帶着他手下的人跟馬就走了。

張大明站在那個地方想他應當怎麼辦。這個時候他的朋友都過來問他國王説甚麼了。他把國王要跟他賽船的話告訴他們了，當然那些人都覺得國王不對。都説他不應當説了話不算。可是張大明説，「有甚麼法子呢？」那些人有的説這個有的説

1. búswàn/búsuàn IE: (it) doesn't count
2. sài chwán/sài chuán VO: to race boats

那個，可是沒有人有甚麼好法子。

張大明說，「多謝多謝。我得回去了。」他就回家了。

張大明回到家裏，要把那天的事情告訴美真，他還沒說呢，美真已經知道了。美真就說，「國王太不對了，我們得想法子。現在我們沒有工夫說話，我們得快一點兒作船，船不太容易作。」

張大明不知道美真是怎麼知道的。

心裏覺得奇怪，可是他也沒問。他
說，「作船得用甚麼樣兒的紙？」

　　美真說，「作船用紙不行。」

　　張大明不知道為甚麼用紙不行．
他想，美真用紙作的鴿子，吹一口
氣就會飛，用紙作的馬，吹一口氣
就會跑，要是用紙作船，吹一口氣，
不是船也能自己在水裏走嗎？他這
樣想，可是沒問。他等美真叫他作
甚麼，他就去作。

　　美真說，「你去找點兒木頭來，我
們快一點兒作船吧。」

　　張大明問明白美真要甚麼樣兒的
木頭，就到外頭去找，一會兒的工
夫，他就找着了好些，拿回家來了。

　　張大明沒作過船，他一點兒都不
知道應當怎麼作。他們作船的時候，
所有的事情都得美真告訴他。他學

1. mùtou N: wood

得很快，作的也很快。

美真説，「這個船的後頭，得作得又尖[1]又硬[2]。」

張大明不懂為甚麼，可是他知道美真的話一定對。所以他也没問。他就把船的後頭作得又尖又硬。

張大明跟美真，兩個人都一夜没睡覺，把船作完了。作得很好。他們請朋友幫着他們，把船拿到河邊兒上去，放在河裏。

1. jyān/jīan SV: be sharp   2. yìng SV: be hard, firm

張大明一夜沒睡覺，也沒吃東西，
一點精神[1]也沒有。美真明白他為甚
麼沒精神。也沒跟他說甚麼。就對
着他吹了一口氣，張大明的精神立
刻就來了。

他們看見國王跟他手下的人都來
了。美真不願意見他，就先回家了。

那條河的河邊兒上，站着很多人
看。張大明的朋友都很着急。因為
他們想也許張大明的船比國王的快，
可是誰知道以後國王又要跟張大明
賽甚麼呢？

國王到了以後，他們說好了最後
到甚麼地方。他們就上船了。

那個時候，張大明甚麼都不想，
甚麼都不怕，就划他的船[2]。他的船
很快，所以他的船一直的在前頭。
他的朋友都很高興。

1. jīngshen N: spirit, vitality, animation
2. hwá chwán/húa chúan VO: to row a boat

可是國王的船也不慢，在張大明的船後頭，離得很近了。

不大的工夫，國王的船走得快極了。那個時候，看的人都覺得很奇怪。他們想要是現在走得那麼快，等到快到的時候，他一定就沒有氣力¹了。張大明沒這樣想，張大明知道國王的船離他很近了。他就划得更快了。那個時候兩條船走得都很快。

1. *chìli/qìli N: strength*

國王的心裏，想了一個特別的法子。他想的跟別人想的都不一樣。他把船划得那麼快，不是要到張大明的前頭去，是要碰[1]在張大明的船上，把他的船碰壞了。張大明就一定掉[2]在河裏了。那麼美真就可以是他的了。

可是他沒想到，張大明的船，後頭又尖又硬。他的船頭碰在張大明的船上的時候，張大明的船沒壞，可是把他自己的船頭碰壞了。張大明沒掉在河裏，他自己掉在河裏了。

國王在水裏上來下去。喝了不少的水。有時候，頭在水外頭，就大叫。有時候，一個字還沒叫出來呢，頭又到水裏頭去了。頭在水裏就得喝水。喝水喝得太多了，也不知道是應當往東還是應當往西。看人也

1. pèng V: to bump into   2. dyàu/diao V: to fall

看不見，找人也找不着。

　　張大明看見國王掉在河裏，他立
刻把船划過去，想把國王拉上來。
可是那個時候國王手下的人也都到
河裏去拉他去了。他們七八個人都
要把國王拉上來。他們一塊兒去拉，
有的拉他的手，有的拉他的衣裳，
有的往東邊兒拉，有的往西邊兒拉。
拉了半天，他們還是都在河裏頭。
那些拉他的人也都一樣的在河裏喝

水。一樣的大叫。

　這個時候，張大明看見那些人都沒用，他在船上跟那些人說,「你們去吧，我來拉他。」他說着就下去，在水裏用手拉住國王後頭的衣裳，把他拉到河邊兒上去了。

　國王那個時候，喝水喝得太多了。差不多甚麼都不知道了。

　過了十幾分鐘，國王可以站起來了。可是他不知道是誰把他拉上來

的。當然他很生氣。

他手下的人都不知道說甚麼好，因為他們不知道國王想甚麼。他們怕國王說他們作船作得不好，又怕他說他們拉他拉得太慢。可是沒想到國王沒說那些事情。

國王看看他的衣裳，跟張大明說，「你看，你把我的衣裳弄壞了[1]。這件是我最好的衣裳。三天以後，我打算穿這件衣裳見幾個外國客人，你把我的衣裳弄壞了，我那天穿甚麼?」

他又說，「你快一點兒叫你太太給我作一件新的。跟這件一樣。要用鳥兒的毛作[2]。衣裳上得繡上水[3]，還繡上太陽[4]。三天裏頭一定得給我作好。要不然我就把你殺了。」

張大明沒有法子，就回家了。他在路上想來想去，後來他想美真甚

1. nùnghwàile/nònghuàile V: ruined   2. nyǎurde máu/
nǐaorde máo   N: bird feather   3. syòu/xìu V: embroider
4. tàiyang   N: sun

麼都會作，他一定有法子。所以他
心裏一點兒都不怕，可是他想不出
來美真有甚麼法子。

　　張大明回到家裏，把跟國王賽船
的事情告訴美真。美真沒等他問作
衣裳怎麼作，就跟大明說，「三天的
工夫太短，我們得快一點兒作。」

　　張大明幫着美真作過很多事，可
是每次作的事都不一樣。所以他問
美真，「你說我們先作甚麼？」

　　美真拿出很多白紙來，跟大明說，
「你幫我用這些紙作些個鳥兒[1]。」張大
明說，「作甚麼樣兒的鳥兒呢？」美真
說，「甚麼樣兒的鳥兒都行。可是有
一件事，你得記在心裏[2]。就是，你
作的時候，心裏要想，這些鳥兒，
都是我們的朋友，我們有事情，他
們都願意幫我們的忙。」

1. nyǎur/niǎor N: bird
2. jìdzai syīnli/jìzai xīnli PH: keep in mind

　大明聽了，就立刻幫着美真用紙作鳥兒。作的時候，心裏老想着美真告訴他的話，他老想着，這些鳥兒，都是他們的好朋友。一定能幫他們的忙。可是他不知道那些鳥兒怎麼能幫着他們。

　他們作得很快，一會兒的工夫，就作了很多很多的鳥兒。大的，小的，都有。

　他們作完了的時候，那些紙鳥兒，

有的在桌子上，有的在地上。張大
明看了看，心裏想，這些紙鳥兒怎
麼能幫着作衣裳呢？可是又想美真
的法子很多，沒有人能知道美真的
法子是甚麼。要是問他，他也不一
定說。那麼就等着看好了。

　他想到這個地方，就看見美真把
那些鳥兒用兩個手拿起來，往天上
一扔，又吹了一口氣，那些鳥兒就
都飛起來了。這樣兒的事情，張大
明已經看見過好幾次了。所以他也
不覺得奇怪了。

　那些鳥兒，有的大，有的小，有
的飛得很高，有的飛得不太高，可
是都很好看。

　那些鳥兒在大明跟美真的頭上來
回的飛，大聲的叫。真跟他們的朋
友一樣。

1. rēng V: to throw

　大明跟美真兩個人往上看，看看
這個，看看那個。他們真覺得那些
鳥兒喜歡他們，他們也真喜歡那些
鳥兒。

　一會兒有的鳥兒落在張大明的頭
上，有的落在美真的手上，這個飛
走了，那個又來了。他們好像有很
多話要說。

　那些鳥兒好像都明白，美真跟大
明有難辦的事，他們都要幫他們兩

1. lwò/lùo V: land (on) 2. hǎusyàng/hǎoxìang A: seeming-
ly, seem to

個人的忙，又好像不一定知道得怎
麼幫他們。所以在他們兩個人的頭
上來回的飛，大聲的叫。

後來<u>美真</u>對着那些鳥兒唱了一個
歌兒。他唱的是：

「飛，飛，飛！　　飛到天上去。
　　　　　　　　　飛到天邊去。
甚麼地方好，
　　　　　　就飛到甚麼地方去。
「看！天多麼高！　路多麼遠。
快快飛！飛吧！飛吧！
　　　　　　現在天還不太晚。
「飛！飛！快飛！
飛到甚麼地方？
最好是哪兒好，就飛到哪兒。
可是離開我們以前，
　請把你們的毛[1]給我們一點兒。」
他唱得很好聽

---

1. máu/máo feather

　那些鳥兒聽<u>美真</u>唱完了歌兒以後，又來回的飛了一會兒，每一個鳥兒都送給他們一點兒毛。因為鳥兒很多，所以毛也很多。那些毛甚麼顏色[1]都有，從天上飛下來，好看極了。

　那些鳥兒都不願意離開他們兩個人，飛走以前都回過頭來[2]，看看他們，想要跟他們兩個人說「再見」。

　<u>美真</u>看見那些飛着的鳥兒毛，有長的，有短的；顏色都不一樣。飛

1. yánse N: color 2. hwéigwo tóulai/húiguo tóulai
PH: turn (their) heads around

得那麼好看，心裏很高興。臉上也帶着笑的樣子，站在那兒想用手去拿那些飛着的鳥兒毛。那個時候，他把所有的不高興的事都忘了。

鳥兒的毛一點兒一點兒的落下來[1]，掉在地上。地上的毛很多，可是這邊一點兒，那邊一點兒，不在一個地方。大明把那些毛放在一塊兒，問美真說，「現在我們應當怎麼辦呢?」美真正看那些鳥兒的毛看得高興，把所有的事都忘了。聽見大明一問，這才想起來，他們的時候不多。作一件那樣的衣裳，三天的工夫也許不夠。他們得快一點兒去作。所以他跟大明說，「對不起! 我忘了我們得作事了。我得立刻去預備[2]。請你立刻把這些鳥兒毛給我拿到房子前頭來。」他說完了，就去預備去了。

1. *lwòsyalai/luòxialai* V: land, "float" down
2. *yùbei* V: prepare

美真到屋子裏去預備他的東西。
把他的紡車[1]拿出來，放在他們的房
子前頭。等大明把鳥兒毛拿來，他
就可以紡線[2]。

作那樣一件衣裳，很不容易。從
紡線到作完了，得經過很多的事情。
每一件事情都得用手作。這樣兒的
事，張大明一點兒都不會。都是美
真一個人自己作。大明就能站在那
兒看着。幫不了多少忙，最多，就

1. fǎngchē N: spinning wheel
2. fǎngsyan/fǎngxiàn VO: to spin thread

能幫着拿拿東西。

美真知道時候很短，那件衣裳，三天的工夫，不一定作得完。可是他一點兒也不着急。一點兒一點兒的作。因為他知道要是一着急，作錯了，就還得再作一次，那樣兒，就更慢了。所以他不忙，慢慢的作，可是作得很對。一點兒錯的地方都沒有。

他三天三夜没睡覺，也没吃飯。

張大明自己知道幫不了甚麼忙，又知道時候不夠。所以他很着急。在那三天三夜裏頭，他看美真不睡覺，不吃飯，就更着急了。一會兒問問美真吃東西不吃，一會兒又問喝水不喝。他自己，睡覺也睡不着，吃東西也吃不下去。坐着也不好，站着也不好，心裏很難過[1]。

1. nángwò/nánguò SV: be sad, unhappy

　　美真因為作衣裳，三天三夜没吃
東西，也没睡覺；大明因為着急，
三天三夜的工夫，吃東西吃不下去，
睡覺睡不着。到了第三夜的後半夜，
那件衣裳是作完了，可是衣裳上頭
的水，跟太陽還都没作好。

　　作衣裳不太難，可是衣裳上頭的
水跟太陽，很不容易作。因為是不
能用筆畫，得用線繡。要把太陽跟
水繡在衣裳上，不是幾個鐘頭就能

1. syàn/xìan N: thread

繡完的。

　　美真看看天不早了。再過幾個鐘頭就得把衣裳給國王送去了。這個時候他也有一點兒着急了。

　　大明睡覺睡不着，就起來站在那兒，看着美真。

　　美真跟他說，「水跟太陽也許作不完了，這怎麼辦呢？」

　　美真沒說過「怎麼辦」。因為每次有事，他都有法子辦，這次他一說「怎麼辦呢？」大明聽見以後，心裏又着急又難過。不知不覺的就哭起來了。眼淚[1]掉在衣裳上，立刻就變成了繡出來的水的樣子。他看見眼淚在衣裳上變成了繡出來的水的樣子。覺得很奇怪，立刻就不哭了。後來他想了一會兒，他想甚麼東西掉在衣裳上，能變成太陽呢？

1. yǎnlèi N: tears

　張大明的眼淚，掉在衣裳上，變成了水的樣子。衣裳上的水，看着跟繡上的一樣。衣裳上的水有了，可是太陽還是沒有。

　那時候，天已經快亮[1]了。天一亮，太陽一出來，他們就得把衣裳給國王送去。

　可是美真不能把天上的太陽放在衣裳上。因為要是把天上的太陽拿下來，天上就沒有太陽了。天上沒

1. lyàng/liàng SV: be bright
   tyān lyàng PH: day breaks

有太陽，那不是那兒都是黑的麼？
那就甚麼都看不見了。當然美真不
能作那樣兒的事情。

　　大明站在那兒想，想了半天還是
一點兒法子也沒有。他想用筆畫一
個太陽。他跟美真說，「我在衣裳上
畫一個太陽行不行？」美真說，「不行。
第一，我們沒有顏色；第二，畫的
跟繡的不一樣。畫在衣裳上，一定
不好看。」大明說，「那麼怎麼辦呢？」

　　那個時候，美真看了看他自己的
手，他的手因為作事作得太多了，
出了好些血[1]。他就把血放在衣裳上，
那些血立刻就變成了一個太陽。

　　張大明看見美真手上有很多血，
他很着急。就問美真說，「你的手怎
麼樣？」美真說，「別着急，不要緊，
一會兒就好了。」

1. syě/xǐe
   sywè/xùe N: blood (Note two pronunciations)

　衣裳上的水跟太陽都有了。張大明跟美真把那件衣裳放在桌子上，兩個人看了半天，他們都覺得那件衣裳好看極了。所以他們心裏都很高興。

　當然，張大明心裏想，是把衣裳送去以後，就沒事了呢？還是國王又叫他們作別的事呢？要是國王老找事情叫他們作，他們應當怎麼辦？是老給他作呢？還是不給他作了呢？

要是不給他作了，他能怎麼樣呢？
他這樣想，可是心裏不怕，因為他
知道，美真一定知道應當怎麼辦。

　　那個時候太陽還沒出來呢。天已
經亮了。張大明拿着那件衣裳，就
要給國王送去。他剛一出門，就看
見一個大官帶着幾個人到他們家來
了。見着大明，那個大官就很生氣
的說，「這麼晚了，怎麼還沒把衣裳
送去？國王已經生氣了。」他没等大
明說話，就把衣裳拿過來，叫他手
下的人，把大明捆[1]起來，拉着就走。

　　美真看見他們把大明拉走了，他
就跟他們一塊兒去了。

　　他們能把大明怎麼樣呢？國王見
着大明要跟他說甚麼呢？美真跟他
們一塊兒去，見着國王，他跟國王
說甚麼呢？

1. kwǔn/kǔn   V: to tie

　　那個大官拿着衣裳，他手下的人，
拉着大明去見國王，美真也去了。

　　那個大官把衣裳給國王看。可是
國王看見美真來了，就不想看衣裳
了。也不生氣了。就笑着跟美真說，
「你來了，好極了。」美真說，「你們為
甚麼把張大明捆起來？快一點兒把
他放開[1]。」國王看看那個大官，大聲
的跟他說，「為甚麼把他捆起來？快
一點兒把他放開。」他們就把他放開

1. fàngkai　V: to loosen, untie, let free

了。

　　國王心裏還是想不叫美真回去。他就跟美真説,「這件衣裳, 作得這麼好, 真是你作的嗎? 你得再給我作一件。得在我這兒作, 我要看看你怎麼作。」

　　美真説,「這件衣裳, 你還没看呢, 怎麼知道作得好? 你得知道, 作這件衣裳, 很不容易。我用了三天三夜的工夫, 没睡覺, 也没吃飯, 兩個手出了很多血, 才把你這件衣裳作好。你也不穿上看看, 就要叫我再作一件。我告訴你吧! 你叫我再作十件都可以, 可是你得把這件衣裳穿上給我們看看。」

　　國王聽他説完了, 就笑着説,「好! 好! 我到後頭去穿上, 給你們看看。你們在這兒等着, 別走。」美真説「好。」

張大明心裏很生氣，又不知道美真心裏想甚麼。更不明白為甚麼美真要等着看國王穿那件衣裳。

國王到後頭去穿新衣裳的時候，才把那件衣裳從上到下看了一看。他看那件衣裳，樣子，顏色，上頭繡的太陽，繡的水沒有一點兒不好。心裏高興極了。他又想，這麼大的一件衣裳，每一個地方都是美真用手作的。每一個地方美真的手都拿

過。現在，這件<u>美真</u>用自己的手作的衣裳，我要穿了。

他又想，這件衣裳，是<u>美真</u>自己作的。當然，他自己一定喜歡。我穿上這件他喜歡的衣裳，當然他一定也喜歡我。想到這個地方，他自己也不知道他自己有多麼的高興了。

他從後頭一出來，因為穿着那麼好看的衣裳，不但所有的大官都看他，<u>張大明</u>跟<u>美真</u>也都回過頭來，看着他。那些大官都說，「好看極了。」

國王不知道他們說的是「他」好看，是「衣裳」好看，還是「他穿着那件衣裳」好看，可是他覺得那不要緊，他聽見那些大官都說，「好看」，他心裏比甚麼都高興。

<u>美真</u>說，「你過來，我看看。」

他就笑着走過去說，「謝謝你。」

　　一句話還沒說完，<u>美真</u>對着衣裳
上的水吹了一口氣，那些水立刻就
變成真水了。

　　這個時候，<u>美真</u>拉着<u>大明</u>，就出
去了。

　　水從國王的衣裳上出來，出來得
很快。不大的工夫，屋子裏的地下，
都是水。

　　國王一看，覺得奇怪極了。沒有
工夫想應當怎麼辦。那些大官也都

不知道怎麼辦好。他們都很着急。

水越來越多，越來越高。

國王後來想了一個法子，他想他得到高的地方去，他就到桌子上去了。

可是沒想到，水是越來越高，他剛一上桌子，水比桌子還高了。他又立刻下了桌子，在水裏往外跑。那些大官也跟他一塊兒往屋子外頭跑。他們想跑到外頭去，也許水就沒有那麼高了。可是他們沒想到，他們到甚麼地方，水就到甚麼地方。甚麼地方都是水，水還是越來越高。

一會兒的工夫，水比他們的頭還高。他們都在水裏上來下去。都大聲的叫。可是叫也沒用。

1. ywè lái ywè ... /yuè lái yuè... PH: getting more and more ... .

美真跟大明出去以後，就到後頭
屋子裏，把所有的國王的妃子帶到
一個小山上去，告訴他們說，「現在
國王沒有了，大官也沒有了，你們
可以自由[1]了。你們願意到甚麼地方
去，就到甚麼地方。」他們把那些女
的帶到水邊兒上。那個時候，太陽
已經出來了。很亮，很好看。美真
叫他們看着太陽，跟他們說，「你們
的前途[2]，跟太陽一樣的光明[3]。」

1. dzyóu/zìyóu SV: be free.
2. chyántú/qíantú N: future
3. gwāngmíng/gūangmíng SV: be bright

那些女的走了以後，張大明跟美
真，往天上一看，看見他們作的那
些鳥兒，都回來看他們。在他們的
頭上來回的飛，好像給他們唱歌兒，
唱的好像是：

黑暗[1]過去．
大放光明[2]．
歡喜快樂[3]．
天下太平[4]．

1. hēiàn N: darkness
2. dàfàng gwāngmíng/dàfàng gūangmíng PH: brightness
   spreads widely
3. hwānsyǐ kwàilè/huānxǐ kùailè PH: be happy and joyous
4. tyānsyà tàipíng/tīanxìa tàipíng N: the world at peace

(Arranged by total number of strokes)
(Numbers on right indicate page number of first occurence)

力		lì		
氣力		chìlì	N: strength	53
大衣		dàyī	N: overcoat	2 (preface)
大夫		dàifu	N: medical doctor	7
口		kǒu		
口袋		kǒudàr	N: pocket	31
吹了一口		chwēile yikǒu chì chūile yikǒu qì	PH: blew a puff of air	26
山水		shānshwěi/shānshǔi	N: scenery	3
火		hwǒ/huǒ	N: stove	8
戶		hù		
窗戶		chwānghu/chūanghu	N: window	12
方字		fāngdž/fāngzì	N: character cards	2
木		mù		
木頭		mùtou	N: wood	50
不是東西		búshŕdūngsyi búshìdōngxi	IE: you despicable creature!	37
不算		búswàn/búsùan	IE: (it) doesn't count	48
不知不覺的		bùjŕbùjywéde buzhībùjúede	A: unknowingly	15
不好意思		bùhǎoyìsz/bùhǎoyìsz	SV: embarrassed	14
手下		shǒusyà/shǒuxià	N: under the control of	29
平		píng		
天下太平		tyānsyà tàipíng tiānxià taipíng	PH: the world at peace	80

扔   rēng   V: throw 60

自由   dzyóu/zìyóu   SV: be free 79

生字   shēngdz/shēngzì N:new characters 3

字塊兒   dzkwàr/zìkuàr   N; character cards 2

划   hwá/húa

　划船   hwá chwán/húa chúan VO: row a boat52

有本事   yǒu běnshr/yǒu běnshi SV: be capable 20

尖   jyān/jīan   SV: be sharp 51

光   gwāng/gūang

　光明   gwāngmíng/gūangmíng SV: be bright 79

　大放光明   dàfàng gwāngmíng
色   dàfàng gūangmíng PH: Brightness spreads
               sè   80

　顏色   yánse   N: color 63

成   chéng

　變成   byànchéng/biànchéng   RV: change into 27

血   syě/xiě//sywě/xuè N: blood 70

妃   fēi

　妃子   fēidz/fēizǐ   N: imperial concubine 36

弄   nùng/nòng

　弄壞了   nùnghwàile/nònghuàile V: ruined 57

吹   chwēi/chūi   V: blow 26

　吹了一口氣   chwēile yikǒu chì PH: blew a puff of
               chūile yikǒu qì   air   26

作工   dzwogūng/zuògōng VO: to work 1

官   gwān/gūan   N: official 29

放開   fàngkai   V: untie, loosen 73

拉   lā   V: pull   36

忽   hū

　忽然   hūrán   A: suddenly 27

活   hwǒ/huǒ
          hwǒle/huǒle   SV: become alive 42

急   jí

　着急   jāují/zhāojí   SV: be excited 14

美人   měirén   N: beautiful girl 8

美人魚   měirényú   N: mermaid 8

神   shén

　精神   jīngshén   N: animation, spirit 52

亮   lyàng/liàng   SV: be bright 69

　天亮   tyān lyàng/tiān liàng PH: day breaks 69

飛   fēi   V: fly 26

胡   hú

　胡說   húshwō/ húshuō   V: talk nonsense 37

故   gù

　故事   gùshr/gùshi   N: story   10

英   yīng

　英文   yīngwén   N: English   10

拜   bài   V: worship 18

信   syìn/xìn   V: believe 13

紅   húng/hóng   SV: be red 16

途   tú

　前途   chyántú/qiántú   N: future 79

烟　　　　　　　yān　　　　　　　　　　N: smoke 7

記　　　　　　　jì

　記在心裏　　jìdzai syīnli
　　　　　　　jìzai xīnli　　　　　PH: keep in mind 58

馬　　　　　　　mǎ　　　　　　　　　　N: horse 40

　賽馬　　　　　sài mǎ　　　　　　　　VO: race horses

捆　　　　　　　kwǔn/kǔn　　　　　　　V: tie 72

剛　　　　　　　gāng

　剛一　　　　　gāngyī　　　　　　　　A: just as (he) started
　　　　　　　　　　　　　　　　　　　　to 44

殺　　　　　　　shā　　　　　　　　　　V: to kill 22

特　　　　　　　tè

　特別　　　　　tèbyé/tèbíe　　　　　A: specially 28

紡　　　　　　　fǎng　　　　　　　　　　V: spin(thread) 65

　紡車　　　　　fǎngchē　　　　　　　　N: spinning wheel 65

　紡線　　　　　fǎng syàn/fǎng xiàn　VO: spin thread 67

淚　　　　　　　lèi

　眼淚　　　　　yǎnlèi　　　　　　　　N: tears 68

着着　　　　　　jáuje/zháozhe　　　　V: burning 7

着火　　　　　　jáuhwǒ/zháohuǒ　　　VO: catch on fire 7

逮　　　　　　　dǎi　　　　　　　　　　V: catch (seize) 21

掉　　　　　　　dyàu/diào　　　　　　V: fall 54

陳　　　　　　　Chén　　　　　　　　　　N: a surname 11

　陳緣督　　　Chén Ywándū/Chén Yuándū Luke Chen, a
　　　　　　　　　　　　　　　　　　　　famous artist

眼　　　　　　　yǎn　　　　　　　　　　N: eye 68

　眼淚　　　　　yǎnlèi　　　　　　　　N: tears 68

國王   gwowáng/guowáng   N: king 21

華   hwá/huá

     華文讀本   Hwáwén Dúben/Huáwén   N: *Read Chinese*
                 Dúben

鳥   nyǎr/nǐao   N: bird

     鳥兒   nyǎur/nǐaor   N: bird 58

     鳥兒的毛   nyǎurde máu/nǐaorde máo   N:feather 57

袋   dài

     口袋兒   kǒudàr   N: pocket 31

婚   hwūn/hūn

     結婚   jyéhwūn/jíehūn   VO: get married 18

窗   chwāng/chūang

     窗戶   chwānghu/chūanghu   N: window 12

預   yù

     預備   yùbei   V: to prepare 64

替   tì   CV: for, in place of 37

     替…用力   tì...yùnglì/tì...yònglì PH: back (him) up
                                  with gestures

越   ywè/yuè

     越來越   ywèlaiywè/yùelaiyuè... PH: getting more and
                                   more 78

陽   yáng

     太陽   tàiyang   N: sun 57

硬   yìng   SV: be hard, firm 51

開玩笑   kāi wánsyàu/kāi wánxiào VO: joke with 9

稅   shwèi/shùi   N: tax 22

     上稅   shàngshwèi/shàngshùi VO: pay taxes 22

備   bèi

　預備   yùbei   V: to prepare 64

結   jyé/jié

　結婚   jyéhwūn/jiéhūn VO: get married 18

碰   pèng   V: bump into 54

暗   àn

　黑暗   hēi-àn   N: darkness 80

落   lwo/luò   V: alight, land 61

　落下來   lwosyalai/luòxialai RV: float down
                                            64

督   dū

　陳緣督   Chén Ywándū/Chén Yuándū Luke Chen 11

跪   gwèi/guì   V: kneel 18

精   jīng

　精神   jīngshén   N: animation, vi-
                                 vacity, spirit 52

裳   shāng

　衣裳   yīshang   N: clothes 10

像   syàng/xiàng

　好像   hǎusyàng/hǎoxiàng A: seemingly 61

箱   syāng/xiāng

　箱子   syāngdz/xiāngzi N: trunk, case 16

樂   lè

　歡喜快樂   hwānsyǐ kwàilè/huānxǐ kuàilè
                  PH: be happy and joyous 80

緣   ywán/yuán

　陳緣督   Chén Ywándū/Chén Yuándū Luke Chen
                                            11

線   syàn/xìan   N: thread   67

　紡線   fǎng syàn/fǎng xìan   N: spin thread   67

賽   sài   N: to race, compete 48

　賽船   sài chwán/sài chúan   VO: race boats   48

　賽馬   sài mǎ   VO: race horses   40

興   syìng/xìng

　高興   gāusying/gāoxing   SV: be happy   2

髮   fǎ

　頭髮   tóufa   N: (human) hair   13

縫   féng   V: to sew   10

顏   yán

　顏色   yánse   N: color 63

聲   shēng

　大聲的   dàshēngde   A: loudly   45

鴿   gē

　鴿子   gēdz/gēzi   N: pigeon   21

讀   dú   V: to read   4 (preface)

　華文讀本   Hwáwén Dúběn/Huáwén Dúběn READ CHINESE

變   byàn/bìan   V: to change 27

　變成   byànchéng/bìanchéng   RV: change into 27

騎   chí/qí   V: ride a horse,
                                        bicycle 40

　騎得住   chídejù/qídezhù   RV: can ride on 42

難過   nàngwò/nánguò   SV: be sad 66

繡   syòu/xìu   V: embroider 57